Fournier (Le - Sieur)

1765. factum pour Augustin le Fournier M. de Mare Escu[...] de trame [...] de fontaine heritier de Ste. Hélène le Fournier de Trolot veuve contre le Mis. de Montyrons, [...] le fournier de Vaurocy Escuier [...] de [...] Mis. de Caen acquereur de Tilly. — 1749 Jacques le fournier [...] de Tilly père d'Augustine — Harcourt 12ᵉ — Tilly — Cosmes — Bretagne Claude le S. Ma. veuve 24 [...] 1614 à Jacques Alouise Sr. par S[...] [...] 17 d'[...] de part en l'[...] bailli de Caen

Jean Alouise + 1671 le Sr. Barberie de St. Contest [...] ses [...] tuteur [...] mineurs — Jean Ch. Alouise majeur 1687 + 1691 sans fils + avant la majorité laissant 2 [...] [...] [...] le Petit d'Avesne et [...] f. de Jacques le fournier de [...] 1623 [...] par Jean de Chaumontel le [...] 1627 [...] par Jacques Goilain Sr. de [...] Jacques le fils + 1720 Jacques son petit [...] de Tilly 97

MÉMOIRE

Servant de Réponse à Griefs

POUR noble dame AUGUSTINE LE FOURNIER, veuve & non héritiere de messire Marc-Antoine du Hamel, Ecuyer, Sr de Fontaine, intimé en appel, tant en son nom que comme héritiere en partie de noble demoiselle Heleine le Fournier de Hotot, & ayant repris le procès en l'état que l'avoit laissé ladite demoiselle de Hotot, laquelle étoit intimée en appel ;

CONTRE messire MARIE-THOMAS-AUGUSTE, Marquis de Matignon, Comte de Gacé & de Mont-Martin, Baron & Seigneur Haut-Justicier de Bricquebec, Blosseville, Gié & autres lieux, Chevalier des Ordres du Roi & de ses Armées, appellant de Sentence rendue au Bureau des Finances & Chambre des Domaines de Caen le 27 juin 1755 ; & demandeur en ajournement vertu de lettres d'appel ;

En cause le Receveur des Domaines du Roi en la généralité de Caen, intimé en appel ;

Noble demoiselle MADELEINE LE FOURNIER DE VAUVRECY, aussi intimée en appel, & ayant repris le procès en l'état qu'il étoit lors du décès de ladite demoiselle de Hotot ;

Et M. ORCEAU DE FONTETTE, Intendant de la généralité de Caen, acquéreur de la Châtellenie de Tilly, ajourné si Partie veut se rendre.

A

A ce qu'il plaise à la Cour, *mettre l'appellation au néant, ordonner que la Sentence dont est appel sera exécutée selon sa forme & teneur, & condamner le Marquis de Matignon aux dépens.*

ES ancêtres de la dame de Fontaine ont possédé la châtellenie de Tilly, comme mouvante & relevante du Roi, à cause du Duché de Normandie, pendant près d'un siecle & demi. Elle avoit été vendue comme telle à l'un d'eux en 1614. Pendant ce temps elle est tombée plusieurs fois en la garde du Roi : à toutes les mutations il en a été fait foi & hommage au Roi ; & il lui en a été rendu des aveux suivis d'Arrêts de derniere main-levée. Ils y ont même fait unir d'autres fiefs, également relevants du Roi, par des Lettres-patentes bien & duement enregistrées, tant au Parlement qu'en la Chambre des Comptes : & tout cela se trouve soutenu de différents titres justificatifs que cette châtellenie étoit tenue & réputée mouvante & relevante du Roi, trois siecles avant que d'avoir appartenu à la famille de la dame de Fontaine.

Devoit-on s'attendre, dans de pareilles circonstances, que l'on auroit un procès à soutenir pour raison de la mouvance de cette même châtellenie ? Cependant en 1749 les gens d'affaires du Marquis de Matignon ont fait des diligences, pour la faire réunir au corps de la baronnie de Bricquebec, qui en est éloignée de plus de 20 lieues. Jacques le Fournier, Chevalier, Seigneur-Châtelain de Tilly, frere de la dame de Fontaine, n'en eut pas plutôt connoissance, qu'il déclara s'opposer à ces diligences, fondé sur ce que sa châtellenie relevoit du Roi, qu'il en avoit été rendu des aveux à Sa Majesté dans tous les temps ; que ses ancêtres l'avoient acquise comme relevante du Roi, & que le treizieme en avoit été payé au Receveur du Domaine.

Cette opposition devoit lier les mains aux Juges de la Haute-Justice de Bricquebec, & arrêter le cours des diligences, qu'ils avoient commencées pour parvenir à une réunion : cependant ils recommencerent ces diligences en 1753, ce qui mit la dame de Fontaine & les demoiselles ses sœurs dans la nécessité de se pourvoir d'un mandement en débat de tenure, en vertu duquel elles firent assigner le Marquis de Matignon & le Receveur des Domaines de la généralité de Caen au Bureau des Finances du même lieu.

Après différentes productions respectivement faites entre les Parties, la cause ayant été portée à l'audience, il y est intervenu Sentence conçue en ces termes.

SENTENCE DONT EST APPEL.

La Chambre *a déclaré le sieur Baron de Bricquebec non-recevable dans la réclamation de la châtellenie de Tilly ; ce faisant à bonne cause les oppositions du feu sieur de Tilly & des dames ses sœurs, contre les diligences tendantes à réunion ; le sieur Baron de Bricquebec condamné aux dépens, envers toutes les Parties.*

Sur la foi & l'assurance de ce Jugement, confirmatif de tous les titres qui établissent que la châtellenie de Tilly releve immédiatement du Roi, la dame de Fontaine a vendu cette châtellenie à M. de Fontette, comme tenue & mouvante du Roi. Elle avoit lieu de croire que c'étoit une chose irrévocablement jugée, puisque le Marquis de Matignon n'étoit point appellant de la Sentence : mais après être demeuré cinq années dans le silence & l'inaction, il a relevé des lettres d'appel, en vertu desquelles il a fait assigner en la Cour la dame de Fontaine & les demoiselles ses sœurs, le Receveur du Domaine, & même M. de Fontette, si Partie vouloit se rendre.

A ce seul exposé l'on conçoit que le procès, sur lequel les Parties attendent la décision de la Cour, est de la derniere importance pour la dame de Fontaine, & qu'il demande toute l'attention du Tribunal auguste auquel il est soumis. La châtellenie de Tilly est des plus considérables de la province, tant par rapport au domaine fieffé & non-fieffé, qui la compose, droits & prérogatives qui y sont attachés, que par rapport aux fiefs, terres & seigneuries, qui en relevent. Les auteurs de la dame de Fontaine l'ont possédée pendant quatre siecles, sous la tenure immédiate du Roi ; ils en ont fait foi & hommage & rendu des aveux à Sa Majesté. Le sieur leur pere y a fait réunir plusieurs fiefs relevants du Roi, en vertu de Lettres-patentes obtenues au commencement de ce siecle ; & malgré tout cela le Marquis de Matignon prétend qu'elle releve immédiatement de sa baronnie de Bricquebec. S'il réussissoit dans cette prétention, à quoi la dame de Fontaine ne seroit-elle pas exposée, vis-à-vis de M. de Fontette, auquel elle a vendu cette châtellenie, comme tenue & mouvante du Roi, à cause de son Duché de Normandie ?

Mais les titres sur lesquels le Marquis de Matignon appuie sa réclamation, doivent tranquilliser la dame de Fontaine sur les événements de cette réclamation ; il n'y en a aucun qui soit de nature à contrebalancer l'autorité de ceux dont elle se sert pour prouver que la châtellenie de Tilly releve du Roi.

C'est ce que nous nous proposons d'établir, par une discussion exacte de ces titres, après que nous aurons donné l'analyse de ceux que la dame de Fontaine produit, pour justifier que ses auteurs ont poffédé cette châtellenie pendant quatre fiecles fous la mouvance immédiate du Roi.

A ce moyen il ne fera pas bien néceffaire d'entrer dans la difcuffion des autorités, par lefquelles le Marquis de Matignon entreprend de prouver que la confifcation de la châtellenie de Tilly au profit du Roi n'auroit pu avoir l'effet d'en faire paffer la mouvance à Sa Majefté, & que la prefcription n'a point lieu entre le Roi & fes fujets. Nous fubjoindrons cependant quelques obfervations fur ces deux queftions, après que nous aurons fait l'examen des titres : commençons par ceux de la production de la dame de Fontaine.

ANALYSE des titres produits par la dame de Fontaine, pour juftifier que la châtellenie de Tilly releve immédiatement du Roi.

Les titres de l'inféodation primitive de la châtellenie de Tilly ne font point parvenus aux ancêtres de la dame de Fontaine. Cette châtellenie fubit le même fort que les autres maifons & feigneuries confidérables de la province, lors de l'invafion des Anglois dans le quinzieme fiecle. Il eft fait mention dans des lettres que Jean de Harcourt obtint du Roi Charles VII les 20 août 1450 & 9 juin 1452, qu'elle avoit été occupée par les Anglois, pendant 33 ans; que Henri Gray en avoit été donataire; & que le château & fortereffe avoient été entiérement démolis & ruinés. Les titres & écritures furent enlevés, lors de la retraite de cette nation ennemie, enforte que le plus ancien monument de ces titres, qui ait paffé dans les mains des ancêtres de la dame de Fontaine, eft un gros livre en parchemin, intitulé *Chartrier de Tilly*.

La dame de Fontaine a heureufement trouvé une ancienne copie collationnée d'un extrait de ce gros livre. Le cinquieme feuillet de ce livre eft ainfi tranfcrit dans la copie de cet extrait.

» Cy eft le livre de la feigneurie du châtel & terre de Tilly &
» appartenances, appartenante à M. Philippes de Harcourt, &
» à madame Jehanne de Tilly fa femme; .... lequel livre eft par
» Paul Rouillard, leur Sénéchal, illecques ordonné & compofé
» felon plufieurs lettres & écritures, tant anciennes que nouvelles,
» & felon la relation de plufieurs des gens dudit lieu fur ce jurés
» & fermentés, & felon les aveux & dénombrements ; .... &
» auquel livre & regiftre font devifées les droitures de ladite feigneurie
» & terre de Tilly, & de leurs appartenances, au mieux
» & au plus véritablement & loyaument que enquis, fceu & fait
» peut être, tant pour mefdits Seigneur & Dame & pour leurs
» hoirs, que pour leurs hommes-tenants & fujets, reffeants &
» non-reffeants pour le temps préfent & à venir. «

On

On lit ensuite les noms des gens du pays, » jurés & fermen-
» tés de témoigner les droitures & revenus de la terre de Tilly,
» âgés d'entre 40 & 70 ans, jurés un jour de mercredi 10 mai
» 1375. «

Au même feuillet v° est écrit : *le châtel de Tilly est assis audit Tilly, en une motte environnée d'eau, en la Vicomté de Bayeux,
Sergenterie de Briquesard, & est tenu du Roi notre Sire nuement &
sans moyen, par en faisant hommage & les aides coutumieres, quand
le cas s'offre; car il y a très-long & ancien temps que la place, où
ledit châtel est situé & édifié, fut prise en fieu du Duc de Normandie, pour ledit hommage & aides coutumieres, par le Seigneur de
Tilly, qui lors étoit. Adoncques ladite place où ledit châtel sied est
des domaines anciens du duchaume de Normandie; & depuis ladite
fieffe ainsi prise par le Seigneur de Tilly, qui lors étoit, fut fait
illecques une tour bataillere & ledit châtel, & par cette déclaration
appartient au Roi, notre Seigneur, ledit hommage dudit châtel,
à cause & par raison du duchaume ancien de Normandie.*

Aux 6e & 7e feuillets, il est parlé d'une chapelle fondée à Tilly
par les Seigneurs, pour 5 Chapelains ou Chanoines, du patronage de la seconde portion de la cure de Hotot, pour lors rem-
plie par Me Jean le Pigeois, Prêtre, sur la présentation de Guillaume de Tilly, alors Seigneur de Tilly, du patronage de l'église
de la Madeleine de Hotot, &c.

Enfin il y est fait mention d'une information faite en 1303 sur
la coutume, qui se percevoit aux foires de Tilly.

Entre les appartenances du château de Tilly étoit le droit de
guet & garde, que les habitants de plusieurs paroisses étoient
tenus & sujets y faire. Philippes de Harcourt, Seigneur de Tilly,
à cause de Jehanne de Tilly, sa femme, obtint des lettres du
Roi Charles, le premier avril 1377, adressées au Bailli de Caen,
dans lesquelles il est exposé » que pour le temps que la terre de
» Tilly & appartenances *étoit en la garde du Roi*, Sa Majesté
» avoit pourvu au châtel, qui étoit une bonne forteresse pour
» la sûreté & tuition d'icelui, de guet & garde d'aucunes villes
» & paroisses, c'est à savoir Tilly, Hottot, Longueraye, Torte-
» val - Busseil, Chouain, Juvigny, Audrieu, Christot, Fontenay-
» le - Paynel, Tessel & Orbois, qui autrefois ont accoutumé y
» faire guet & garde ; « lesdites lettres portant mandement audit
Bailli de Caen » de contraindre les habitants desdites paroisses,
» & chacun d'eux, qui au temps passé ont accoutumé faire guet
» & garde audit châtel, & qui plus promptement y ont eu &
» peuvent avoir refuge, en cas de nécessité, que ailleurs, & y
» faire guet & garde chacun à son tour. «

Dans d'autres lettres semblables, du 19 mars 1380, il est dit
» que le châtel de Tilly est fort tenable & fort défensable, &

» qu'il est tenu du Roi nuement & sans moyen. «

La même chose est aussi exposée dans des lettres subséquentes, tendantes aux mêmes fins. Et dans celles du Roi Charles VII, des années 1450 & 1452, Jean de Harcourt, Seigneur de Tilly, fit exposer » que son château de Tilly avoit été entiérement ruiné » & démoli, pendant la détention des Anglois, & l'occupation que » Henri Gray en avoit faite, en vertu des lettres de don ou con- » cession qu'il s'en étoit fait accorder. «

Si ces titres ne prouvent pas absolument par eux-mêmes que la châtellenie de Tilly soit sous la tenure & mouvance immédiate du Roi, du moins ils établissent que dès le 14e siecle les Seigneurs de cette châtellenie ne reconnoissoient point d'autre suzerain que le Roi, & qu'ils étoient dans l'opinion qu'elle en étoit tenue nuement & sans moyen. C'est toujours beaucoup, vis-à-vis d'une Partie qui ne présente aucuns titres antérieurs, ni du même siecle.

On trouve dans l'histoire de la maison de Harcourt par la Rocque, qu'en l'année 1391, les 16 novembre & 9 décembre, messire Philippe de Harcourt présenta au Roi le dénombrement de ses fiefs de Tilly, Verrolles, Vauvrecy, Juvigny, &c.

Il est vrai qu'il y avoit dans ce temps-là plusieurs fiefs dans Tilly, qui relevoient également du Roi : l'un avoit appartenu à Thomas de Juvigny, vers la fin du 14e siecle, & Philippes de Harcourt s'en étoit rendu adjudicataire : ce fait est établi par les aveux qui en furent rendus au Roi en 1381 & 1403, tant par Thomas de Juvigny, que par Philippes de Harcourt.

Ce n'est pas de ce fief, dont l'Historien de la maison de Harcourt dit que Philippes donna dénombrement au Roi en 1391, sous le nom de fief de Tilly ; il est appellé fief de Juvigny, du nom de l'ancien possesseur, dans le dénombrement ; il ne faut donc pas les confondre l'un avec l'autre ; la châtellenie de Tilly est appellée *fief de Tilly*, & l'autre *fief de Juvigny*, dans le dénombrement, ou plutôt dans l'histoire qui réfere le dénombrement. L'un & l'autre relevoient donc du Roi.

S'il pouvoit y avoir la moindre équivoque sur ce point, elle seroit levée par l'acte de foi & hommage, que le même Historien dit que Jean de Harcourt (petit-fils de Philippes) fit au Roi Charles VII. en 1450 de la châtellenie de Tilly, qui fut qualifiée *baronnie* dans les lettres de foi & hommage données à Caen.

Jean de Harcourt, fils ou petit-fils de François de Harcourt, ne laissa que des filles, dont l'une, nommée Gabrielle, épousa Charles de Craesme, dont le fils, nommé Louis de Craesme, fit foi & hommage au Roi Henri II, en la Chambre des Comptes de Paris, le 13 mars 1550, de la châtellenie, terre & seigneurie de

Tilly, contenant en foi les fiefs de Hotot, Mons & Fontenay-le-Paynel, mouvants de Sa Majesté, à cause de sa Vicomté de Bayeux. Les lettres en sont produites au procès.

Charles de Craesme avoit donné déclaration de cette châtellenie de Tilly, comme tenue du Roi, au Bailli de Caen, le 14 septembre 1750, en conséquence d'Ordonnance du Roi, portée dans ses Lettres patentes. Cette déclaration est encore dans la production de la dame de Fontaine.

Voilà donc 3 siecles consécutifs, pendant lesquels la châtellenie de Tilly est tenue & possédée comme mouvante du Roi. En 1391 Philippes de Harcourt en donne dénombrement au Roi : dans les lettres de guet & garde qu'il avoit obtenues précédemment, il avoit exposé *qu'elle étoit tenue & mouvante du Roi nuement & sans moyen, & que pendant que le Roi l'avoit eue en sa garde, Sa Majesté avoit pourvu à la sûreté & tuition du château.*

En 1450 Jean de Harcourt en fit la foi & hommage au Roi Charles VII. En 1540 Charles de Craesmes en donna une déclaration, dans laquelle il dit *qu'elle étoit tenue du Roi.* Et Louis de Craesmes, son fils, en fit la foi & hommage au Roi Henri II en 1550. Jusques-là on ne voit aucune interruption, aucun trouble ni réclamation de la mouvance de la châtellenie de Tilly, de la part de qui que ce soit. Voyons ce qui s'est passé dans le siecle subséquent.

Messire Claude de Bretagne, Comte de Vertus, petit-fils d'Odet de Bretagne & de Renée de Craesmes, vendit la terre & châtellenie de Tilly le 24 décembre 1614 à noble homme Jacques Blondel, par le prix de 51000 liv. Le contrat porte que le vendeur déclara » avoir toujours tenu pour constant que ladite terre de
» Tilly releve du Roi notre Sire, en son Bailliage de Caen; &
» de laquelle terre de Tilly relevent aucuns fiefs ; de laquelle
» déclaration s'est ledit sieur acheteur, par son Procureur, con-
» tenté, *déclarant aussi en être certain.* «

Le sieur Blondel, acquéreur, étoit Lieutenant-Particulier au Bailliage de Caen ; il s'y fit accorder acte de la déclaration par lui passée judiciairement à l'audience le 15 janvier 1615, au Receveur du domaine des Vicomtés de Caen & Bayeux, qu'il avoit fait l'acquisition de la terre, seigneurie & châtellenie de Tilly, *tenue du Roi*, par le prix de 51000 l., » afin qu'il ne lui pût pas
» être imputé d'avoir celé son contrat, & pour s'éjouir du don
» du tiers du treizieme, comme il est accoutumé & réglé pour
» les acquéreurs qui accusent leurs achats ; « & en conséquence le treizieme fut payé au Receveur du domaine.

Jean Blondel, Seigneur - Châtelain de Tilly, étant décédé en 1675, M. Barberie de S. Contest, Maître des Requêtes, obtint du feu Roi des Lettres patentes le 31 du même mois, portant don de la garde-noble des enfants mineurs dudit Blondel, lesquelles furent enregistrées en la Chambre des Comptes le 19 novembre 1676, après les informations & formalités accoutumées. Jean-Charles Blondel, ayant atteint sa majorité en 1687, obtint des lettres de main-levée de la garde royale, qui furent enregistrées le 10 mai de la même année.

Etant décédé en 1694, il fut encore obtenu du Roi des Lettres patentes, portant don de la garde-noble du fils mineur dudit Blondel, qui furent enregistrées en la Chambre des Comptes.

Ce mineur mourut avant qu'il eût atteint sa majorité, & sa succession passa à Jean-Pierre le Petit, Ecuyer, Sieur d'Aveine, qui avoit épousé Marie-Madeleine Blondel, & à Jacques le Fournier, Ecuyer, Sieur de Francheville, qui avoit épousé Suzanne Blondel.

Le sieur le Fournier de Francheville eut en son partage la châtellenie de Tilly & ses appartenances, & il obtint des Lettres patentes au mois d'avril 1701, par lesquelles Sa Majesté y unit & incorpora les fiefs nobles, terres & seigneuries de Vauvrecy, Boussigny, Orbigny, Grestain & Courperron, pour les tenir de Sa Majesté, à une seule foi & hommage, aveu & dénombrement, à cause de son duché de Normandie.

Il est exposé dans ces lettres, *que le grand fief de Tilly & le fief de Hottot étoient unis à la châtellenie de Tilly.*

N'omettons pas d'observer que, pour parvenir à l'obtention de ces Lettres patentes, le sieur de Francheville avoit obtenu, moyennant une somme de 1000 liv., le consentement de M. de Missy, Conseiller en la Cour, à ce que les lettres nécessaires fussent obtenues, pour désunir du fief & seigneurie de Missy, la tenure & mouvance de celui d'Orbigny, situé à Tessy qui en relevoit, aux fins de la faire unir & incorporer à la châtellenie de Tilly.

Enfin, outre le grand fief de Tilly & celui de Hottot, que les Lettres patentes disent avoir été unis à la châtellenie de Tilly, il y est encore fait mention que les fiefs d'Audrieu, de Berigny, du Port, de Mutrecy, & de la Motte-Chatillonville, relevoient noblement de cette châtellenie.

Ces Lettres patentes furent enregistrées au Parlement par Arrêt du 28 novembre 1701, après avoir été lues, publiées & affichées aux paroisses où les fiefs s'étendoient, & aux marchés des environs, & les informations faites devant le Lieutenant-Général du Bailliage de Bayeux.

L'enregistrement en fut également fait en la Chambre des Comptes le 20 mars 1705.

Après cela le sieur de Francheville fit la foi & hommage au Roi de la châtellenie de Tilly, & en rendit aveu le 19 février 1706,

1706, qui fut suivi d'arrêt de derniere main-levée du 27 août suivant.

Dans le vu des pieces, sur lesquelles cet Arrêt fut rendu, il est fait mention d'un aveu du fief d'Audrieu, rendu à la châtellenie de Tilly le 13 novembre 1623, par Jean de Chaumontel, d'un aveu du fief de Port rendu à ladite châtellenie par Jacques Gislain, Chevalier, le 27 juillet 1627, & de copie d'aveux donnés du fief du Goulet en 1653.

Après la mort du sieur de Francheville, arrivée en 1721, le tuteur de ses enfants mineurs obtint des lettres de don de la garde-noble le 30 avril de la même année, qui furent enregistrées en la Chambre des Comptes & au Bureau des Finances de la Généralité de Caen les 10 janvier & 9 avril 1722. Ces lettres seront produites au procès, ainsi que celles de main-levée de la garde du 2 novembre 1725, avec l'Arrêt d'enregistrement du 26 du même mois.

Enfin Jacques le Fournier, fils du sieur de Francheville & de la dame Suzanne Blondel, rendit aveu au Roi de la châtellenie de Tilly le 21 septembre 1735, & en fit la foi & hommage en la Chambre des Comptes le 9 du même mois.

Tous ces titres réunis prouvent démonstrativement que pendant 400 ans, les Seigneurs de la châtellenie de Tilly n'ont reconnu que le Roi pour Seigneur suzerain. Les Tilly, les Harcourt, les de Craesmes, les Bretagne, les Blondel, les Fournier, dans les mains desquels elle a successivement passé, en ont donné des aveux, déclarations & dénombrements au Roi; ils en ont fait foi & hommage à Sa Majesté; ils ont obtenu remise de la garde-noble royale; ils y ont fait unir & incorporer, par lettres patentes, plusieurs fiefs relevants du Roi, *pour être tenus de Sa Majesté à une seule foi & hommage & un seul aveu.* Ces lettres ont été solemnellement vérifiées au Parlement & en la Chambre des Comptes, après les informations, lectures & publications requises & accoutumées: que pourroit-on exiger de plus pour justifier que cette châtellenie est tenue immédiatement & sans moyen du Roi?

Voyons présentement quels sont ceux que le Marquis de Matignon nous oppose, & à la faveur desquels il prétend établir qu'elle releve de sa baronnie de Bricquebec.

EXMEN des titres sur lesquels le Marquis de Matignon fonde sa réclamation de la mouvance de la châtellenie de Tilly.

Il ne sera pas indifférent d'observer que ces prétendus titres ne sont que des copies collationnées sur d'autres copies, la plupart informes, qui ne feroient aucune foi en Jugement, quand elles seroient produites.

C

A cette observation préliminaire, il faut en subjoindre une seconde; c'est que ces prétendus titres, que l'on attribue aux Barons de Bricquebec, étoient de leur fait particulier, dans lesquels ils auroient été les maîtres d'employer ce qu'ils auroient jugé à propos.

Le plus ancien est une copie collationnée d'un extrait tiré d'un livre, qui doit être au chartrier de Bricquebec, intitulé *copia cartarum de Bricquebec, facta anno Domini 1405, facta & copiata per Nicolaum de Montibus, publicum imperiali autoritate Notarium, in fine hujus carterii consignatum.*

Ce texte est suivi d'un acte en latin, contenant concession, par Robert Bertrand, à Henri de Tilly, de tout son tenement que lui & ses prédécesseurs tenoient dudit Robert Bertrand & de ses prédécesseurs, à Tilly *apud Tilleyum*; & en outre donation, par augmentation dudit tenement, d'un certain fief à Fontenay, nommé le fief de Roulles, à charge de faire service des trois parts d'un soldat : *per servitium trium partium unius militis faciendum.... & ad filium meum equitem faciendum & filiam meam maritandam.*

Il est ajouté à cet acte que, pour qu'il n'y ait aucune contestation entre Robert Bertrand & Henri de Tilly & leurs héritiers, touchant la chapelle du château, que ledit Henri avoit à Tilly, icelui Bertrand vouloit ou savoit qu'il la tenoit de lui : *volo vel scio quod ipse tenet illud de me* ; & en outre il fit concession audit Henri d'un autre fief : *prætereà dedi eidem feodum unius militis apud Andrenum, quod Guillelmus Brito tenebat de me per servitium unius militis ; & si illud feodum plenè non invenietur, quantùm deficiet de feodo, tantùm minuetur eidem Guillelmo de servitio.*

Enfin il est dit à la fin de cet acte que Henri de Tilly avoit payé 40 liv. angevines, pour le prix de la concession de ces tenements, & en avoit fait hommage ; & que Robert Bertrand avoit fait apposer son sceau à la chartre, en la présence de 12 personnes qui y sont dénommées ; mais il n'est point fait mention que Henri de Tilly y ait apposé le sien : l'acte étoit cependant réciproquement obligatoire ; l'apposition du sceau de Robert Bertrand au double de cet acte, qui demeuroit pardevers lui, n'étoit donc pas suffisante.

Cet extrait fait mention que Nicolas de Mons avoit clos & terminé son livre, contenant copie des chartres de Bricquebec, par un acte de collation faite en 1405 par ordre de Foucques Paynel : *de præcepto nobilis & potentis viri Fouqueti Paynel, domini temporalis de Hambeyâ, copiasse in castello de Bricquebeto eidem fulconi spectanti, omnes cartas in præsentibus carteriis contentas........ ipsas seu ipsos tradendo nobili & potenti viro domino Guidoni de Rupe Guidonis ;* » & qu'il en avoit fait la collation, en

» lifant fes copies, pendant que Guillaume le Parmentier, Clerc,
» tenoit l'original defdites chartres, en préfence de Jean de Mons,
» Prêtre, & Anquetil, Clerc, témoins, affifté de Jean Mahaut,
» Tabellion de Bricquebec ; & ils ont dû figner l'un & l'autre
» le livre de copies ; fignés *de Montibus* & Mahaut paraphés. «

Tel eft le titre fondamental de la réclamation que le Marquis de Matignon a faite de la mouvance de la châtellenie de Tilly. La dame de Fontaine a bien des obfervations à faire fur ce prétendu titre, tant en la forme qu'au fond.

1° Pourquoi ne s'en trouve-t-il qu'une copie collationnée par extrait dans la production du Marquis de Matignon ? C'eft plutôt par l'état du livre en lui-même, par l'infpection d'icelui, que par la teneur des actes qui y font copiés, que la Cour pourra juger de la foi que l'on y doit ajouter. La repréfentation en eft donc abfolument indifpenfable. La dame de Fontaine ne fe départira point de cette exception : quand même on lui propoferoit encore de récenfer en fa préfence la copie collationnée de l'extrait qu'on lui produit, fur le livre de copies, dont elle a été tirée, cela ne feroit point fuffifant ; il faut néceffairement que fon Confeil en ait communication, afin qu'il puiffe y faire les remarques, dont un examen férieux & fait à loifir pourra lui procurer la découverte. Il faut auffi que la Cour la voie par elle-même. Il eft d'ailleurs de principe conftant dans la jurifprudence que des copies collationnées, fans que les Parties intéreffées y aient été appellées, ne peuvent faire foi en Juftice.

2° Rien ne prouve que Nicolas de Mons, qui a dû faire ce livre de copies, eût qualité pour cela. Il s'en donne une qui étoit inconnue dans la province, dans le temps qu'il a dit avoir tranfcrit ces copies, & il n'y a pas encore un fiecle que cette qualité y eft ufitée. Les Officiers, prépofés à la paffation des actes & à la confervation des minutes d'iceux, s'appelloient *Tabellions* ; il y en avoit un à Bricquebec. Les Notaires royaux n'ont été fubftitués aux Tabellions, qu'en conféquence de l'Edit du mois de juillet 1677. Comment s'eft-il pu faire que près de trois fiecles auparavant, il fe foit trouvé au château de Bricquebec un Notaire royal *imperiali autoritate*, dans la perfonne de Nicolas de Mons, qui fignoit *de Montibus* les actes qu'il paffoit, ou plutôt les copies des chartres qu'il tranfcrivoit ?

3° Si l'on peut ajouter quelque foi à l'acte de collation, qui doit être à la fin de fon livre, il le tranfcrivit fur un autre livre de copie précédemment fait, qui lui fervit d'original ; car il donne affez clairement à entendre qu'il n'y avoit qu'un feul original des chartres copiées dans fon livre, que Pierre le Parmentier tenoit, pendant qu'il en faifoit la lecture.

Enfin on pourroit remarquer que le copifte, malgré les qualités de Prêtre & Notaire *imperiali autoritate* qu'il s'attribue, a fait des fautes dans l'acte de collation, qui ne seroient pas échappées à un écolier de cinquieme : on en notera deux bien grossieres : *Fouqueti Paynel...... copiasse in castello de Bricquebeto eidem Fulconi spectanti*. Il y a peu d'apparence que ce soit là le style d'un Prêtre, revêtu d'un office royal.

Tous ces défauts ne paroissent faire aucune impression aux gens d'affaires de la baronnie de Bricquebec ; ils soutiennent que leur cahier de copies des chartres est en très-bonne forme, & qu'il ne doit pas avoir moins d'autorité en jugement que les chartres mêmes en original. C'est à la garantie de Dom Mabillon, qu'ils appellent *le pere de la Diplomatique*, qu'ils hazardent ces assertions. Mais Dom Mabillon, trop intéressé à donner du crédit à ces collections de titres que l'on appelle cartulaires, a souvent outré les choses, en parlant de l'autorité que ces cartulaires devoient avoir en jugement ; & plusieurs Maisons de son Ordre ont éprouvé que l'on n'en portoit pas au barreau le même jugement que dans les cloîtres.

Bien des exemples que l'on pourroit citer apprennent qu'il faut être extrêmement en garde, & ne pas recevoir trop facilement & sans examen les actes qui se trouvent enregistrés dans les cartulaires, dont les compilateurs n'ont pas toujours été fideles. Pour ne pas trop nous arrêter sur ce sujet, nous renverrons les gens d'affaires du Baron de Bricquebec consulter l'histoire des revenus ecclésiastiques d'Acosta ; & l'ouvrage du pere Germon sur la Diplomatique de Dom Mabillon. Ils y apprendront que c'est s'être trop avancé que d'avoir assuré que l'on ne peut sans injustice douter de l'autorité des cartulaires. Le pere Mabillon convient lui-même * que si dans ses ouvrages il donne quelques régles, elles doivent être regardées comme les plus communes, & qu'on ne doit point les interpréter à la lettre ni les prendre dans un droit strict.

* Lib. 3, cap. 5.

Si quelquefois on ajoute foi aux cartulaires, c'est lorsqu'ils sont soutenus par une possession ancienne & suivie, que l'on présume aisément avoir son principe dans un droit légitime ; mais quand ces sortes de pieces ne sont point accompagnées de possession, elles ne sont d'aucun poids en jugement.

Tel est l'extrait que l'on nous oppose : jamais les propriétaires de la châtellenie de Tilly n'ont reconnu les Barons de Bricquebec pour Seigneurs suzerains ; & il est justifié, par des titres incontestables, que pendant 400 ans ils n'en ont point connu d'autres que le Roi. Ce ne sera point en vertu d'un cartulaire informe que l'on anéantira un droit acquis & confirmé par une possession aussi longue. Pour être écouté à la troubler, il faudroit au moins un titre original en bonne forme, & dont les dispositions seroient claires & précises. Peut-on bien donner pour tel le livre de copies,

copies, dont on a tiré un extrait de la chartre de Bertrand ? Quand même cette prétendue chartre paroîtroit en original, pourroit-elle être de quelque autorité contre une poffeffion de quatre fiecles de la châtellenie de Tilly, fous la tenure & mouvance immédiate du Roi ?

On ne trouve en effet dans cette chartre que la conceffion d'un tenement que Henri de Tilly & fes prédéceffeurs tenoient de Robert Bertrand & de fes prédéceffeurs : mais en quoi confiftoit ce tenement ? C'eft ce que la chartre laiffe ignorer. Si ce tenement étoit un fief-noble, comme les Agents du Marquis de Matignon le prétendent, quel a pu être l'effet de la conceffion ? Henri de Tilly & fes prédéceffeurs en étoient propriétaires auparavant, & ils tenoient leur tenement de Robert Bertrand & fes prédéceffeurs ; la conceffion n'a donc pu avoir d'autre objet que la remife de la tenure & mouvance, pour paffer fous celle du Roi ; il n'eft pas poffible de donner un autre fens à la chartre.

Cela fe confirme encore mieux par les autres difpofitions qu'elle renferme, favoir le don du fief de Roulles, que Henri de Tilly tenoit de Robert Bertrand à Fontenay, en exemption de toutes charges & fujétions, autres que fervice de trois parts d'un foldat, & les aides de chevalerie & de mariage : la donation contenue dans la chartre ne pouvoit donc avoir d'autre objet que la remife de ces fervices & aides, & de la tenure & mouvance : ce n'étoit point une inféodation en faveur de Henri de Tilly, puifque le fief exiftoit auparavant, & qu'il lui appartenoit, en exemption de toutes charges & redevances ; il faut donc bien que ce fût de la tenure & mouvance, dont Robert Bertrand faifoit remife & conceffion, afin que ce fief & le tenement fitué à Tilly paffât fous la tenure & mouvance immédiate du Roi.

L'addition faite à la chartre, pour prévenir toute conteftation au fujet de la chapelle du château que Henri avoit à Tilly, n'a rien de contraire à cette interprétation, qui fuit naturellement des difpofitions précédentes. Robert Bertrand dit qu'il veut ou fait que Henri de Tilly tenoit de lui cette chapelle ou château, *volo vel scio quod tenet illud de me ;* cela veut dire feulement que la chapelle ou le château étoit fur le tenement, dont il avoit fait la conceffion : mais ne s'étant rien retenu fur le tenement, ni fur le château, on ne peut rien induire de l'addition concernant la chapelle ; c'eft une fimple explication, qui ne tendoit qu'à faire entendre que la chapelle étoit une appartenance du tenement.

Enfin cette chartre contient encore le don ou conceffion d'un fief, que Guillaume Breton tenoit de Robert Bertrand *apud Andrenum*. Cette conceffion n'avoit encore pour objet que la mouvance ou fuzeraineté de ce fief. Car ce n'étoit pas le corps du fief qui étoit donné, il appartenoit à Guillaume Breton ; & Robert Bretrand ne pouvoit pas l'en dépouiller pour en gratifier Henri de Tilly ; & c'étoit

D

si peu son intention, qu'il ajoute dans sa chartre que si ce fief ne se trouvoit pas entier, il seroit fait diminution à Guillaume Breton sur le service, auquel il étoit sujet, à proportion de ce qui se trouveroit manquer à son fief. Robert Bertrand ne donnoit donc à Henri de Tilly que la suzeraineté du fief ; il le mettoit en son lieu & place, pour en reporter directement & immédiatement au Roi la tenure & mouvance, avec celle du tenement sis à Tilly, & du fief de Roulles, sis à Fontenay. Ce fut pour cette concession de tenure que Henri de Tilly lui paya 40 liv. angevines : & ce qui ne permet pas de douter qu'après ce paiement Robert Bertrand n'avoit plus rien à ces fiefs & tenement assis à Tilly, c'est qu'il ne s'y réserva rien, ni redevances, ni services, ni tenure.

Le fief consiste en la relation du Seigneur au vassal ; il se constitue par le contrat ou la convention, par laquelle le Seigneur suzerain cede le domaine utile & se retient le direct, fait concession de terres à charge de les tenir de lui. C'est là ce qui s'appelle *substantialia feudorum*, sans quoi il ne peuvent subsister. D'Argentré, tit. 16 des fiefs, féautés & hommages, s'exprime ainsi : *substantialia sunt sine quibus contractus non consistit.......... tale est in feudo quod dominium utile ad vassallum cùm sit, directum à domino retinetur !: tale etiam quod fidelitas exhibeatur ; etsi sacramentum ipsum fidelitatis remitti potest, nec substantiale est...... sine his feudum non est contractus qui initur. Quod si quid piam contrà fiat, feudum esse desinit & degenerabit, & in aliam conventionem transibit.*

* Sur l'art. 277 de la Coutume de Bretagne, n. 8.

Dans un autre endroit * il avoit dit : *substantialia in totum immutabilia sunt, quibus si vis affertur, contractus tales esse desinunt & in diversas conventiones transeunt & degenerant. Talia sunt in concessionibus feudorum dominii utilis translatio, directi retentio, sine quibus nulla infeodatio in suo nomine & contractu consistit, sed in alium transit poiùs, nec talis dici aut esse potest si contra ista conventum est, non magis quam emptio sine pretio, aut locatio sine mercede.*

Suivant ces Auteurs l'hommage est au nombre des droits naturels & ordinaires des fiefs, & il n'est pas essentiel. *Talia diversam naturam habent à substantialibus........ & detrahi possunt, citrà subjecti corruptionem, nec minùs infeodatio consistit si hommagii debitum detrahitur.*

Dumoulin s'accorde parfaitement avec d'Argentré, dans la définition qu'il donne du fief, dans son avant-propos sur le titre des fiefs : *benevola, libera & perpetua concessio rei immobilis, vel æquipollentis, cum translatione utilis dominii, proprietate retentâ sub fidelitate & exhibitione servitiorum.*

La retenue du domaine direct, ou, ce qui est la même chose, la sujétion ou obligation imposée à celui, auquel la concession ou inféodation est faite, de tenir & relever de celui qui fait la concession, est donc de l'essence ou substance du fief ; sans cela il n'y a point de Seigneur ni de vassal ; cette relation qui constitue le fief & en fait l'essence, n'existe point, & conséquemment point de fief.

Or dans la prétendue chartre dont est question, il n'y a point de rétention de seigneurie directe, point de charge & sujétion de tenir & relever les fiefs & tenements de Robert Bertrand ; il n'est donc point constitué Seigneur suzerain de ces fiefs & tenements par cette chartre ; & Henri de Tilly n'est point fait son vassal. C'est donc une remise, ou cession à prix d'argent, de la seigneurie directe, ou suzeraineté, que Robert Bertrand avoit sur ces fiefs, & non une inféodation pour les tenir & relever de lui.

Une réflexion bien simple va rendre ceci bien plus sensible encore. Les Agents de la baronnie de Bricquebec prétendent que ce qui est appellé tenement à Tilly, *apud Tilleyum*, dans la chartre, étoit le fief-noble ou châtellenie de Tilly ; & que Henri de Tilly & ses prédécesseurs le tenoient de Robert Bertrand & ses prédécesseurs, ainsi que le fief de Roulles à Fontenay : or ce point constant, Robert Bertrand avoit-il quelqu'autre chose à ces fiefs que la tenure ou suzeraineté ? Il ne pouvoit donc céder rien autre chose à Henri de Tilly que cette même tenure ou suzeraineté, & celle du fief tenu par Guillaume le Breton, *apud Andrenum*, dont le prix fut fixé à 40 liv. angevines. Mais après cette cession à prix d'argent, pouvoit-il lui rester quelque chose, quelque droit sur ces fiefs ? C'est ce qui ne peut pas être raisonnablement soutenu, ou bien il faudroit dire que Henri de Tilly lui auroit donné 40 liv. angevines, pour n'avoir rien de plus que ce qu'il avoit auparavant ; qu'il se seroit fait concéder un tenement à Tilly, & un fief à Fontenay, dont il étoit déjà propriétaire, & la tenure d'un fief qui appartenoit à le Breton, pour tenir ces mêmes fiefs & tenements de Robert Bertrand, comme ils en étoient tenus auparavant.

Nous subjoindrons encore cette réflexion, que dans cette prétendue chartre il n'est point parlé de la baronnie de Bricquebec ; Robert Bertrand n'y prend point la qualité de Baron de Bricquebec. Comment veut-on donc que cette chartre constitue la châtellenie de Tilly & les fiefs qui y sont mentionnés sous la mouvance de la baronnie de Briquebec, qui en est distante de 22 lieues ? S'il s'étoit retenu la directe sur ces fiefs, cette directe ne seroit pas plus une appartenance de la baronnie de Bricquebec, que de toute autre seigneurie, dont il étoit propriétaire au temps de cette chartre ; & par conséquent le Marquis de Matignon seroit sans droit & sans qualité, pour la réclamer.

Ainsi quand la chartre en question seroit produite en original & en bonne forme, la dame de Fontaine n'auroit rien à en redouter, parce qu'elle ne soumet point le tenement de Tilly & autres fiefs y dénommés à la baronnie de Bricquebec ; que Robert Bertrand ne s'est point retenu la directe sur ces fiefs ; & que jamais Henri de

Tilly ni ses successeurs n'ont reconnnu les **Barons de Bricquebec** pour Seigneurs suzerains.

Il seroit fort inutile, après ces réflexions, de faire observer que la chartre en question est sans date, & que l'on ne peut connoître en quel temps elle a été passée; que la dame de Fontaine & ses auteurs n'ont jamais possédé de fief de Roulles, & qu'elle ne sait ce que c'est que ce fief, que tenoit le Breton *apud Andrenum*, dont il est parlé dans cette chartre: toutes ces circonstances deviennent inutiles à approfondir, dès qu'il demeure constant qu'elle ne soumet point ces fiefs & le tenement de Tilly à la baronnie de Bricquebec.

Pour second titre, les Agents de la baronnie de Bricquebec produisent une copie, collationnée par le Notaire de Bricquebec le premier juin 1754, d'un extrait délivré en la Chambre des Comptes de Paris le 3 décembre 1551 à madame la Duchesse d'Etouteville, Baronne de Bricquebec, de certains articles écrits en un livre, ou registre, écrit en parchemin, commençant par ces mots: *constitutio Guillelmi Regis super Normaniam*, auquel est un chapitre commençant ainsi.

Hic incipit registrum domini illustrissimi Regis Phillipi de feudis.
Robertus Bertrand tenet baroniam de Bricquebec per servitium quinque militum.

Au feuillet 8 verso.

Dominus Robertus Bertrand tenet feudum à domino Rege per baronniam, & debet ferre draconem duci Normaniæ. Et hæc sunt feuda quæ tenentur ab ipso Bertrand, apud Tillyam, &c. Guillelmus de Blosseville duo feuda apud Fontenay-Paisnel.

Les Agents de la baronnie de Bricquebec n'ont point jugé à propos d'en faire employer davantage dans leur copie collationnée; on n'en sait pas la raison. Sans doute que ce qu'ils en ont supprimé ne seroit pas favorable à leurs prétentions; mais quels que puissent être les motifs d'une conduite aussi singuliere, ce ne sera pas avec un pareil titre qu'ils établiront que la baronnie de Bricquebec a la directe sur la châtellenie de Tilly. Il n'y a rien du fait des Seigneurs de Tilly dans ce registre des fiefs, qui dût être composé sous le regne d'un Roi Philippes, qu'ils disent être Philippes le Long; c'aura été sur la foi de la déclaration de quelqu'Agent d'affaires du Baron de Bricquebec, que l'on aura inséré dans ce registre que tels & tels fiefs étoient tenus de la baronnie de Bricquebec. Mais quand c'auroit été le Baron de Bricquebec qui auroit fait cette déclaration lui-même, elle n'en seroit pas d'un plus grand poids: il ne pouvoit pas se faire des titres à lui-même. D'ailleurs, la copie collationnée n'apprend rien sur la tenure ou directe que Robert Bertrand devoit avoir à Tilly: un *&c.* adroitement placé après ces mots *apud Tillyam*, laisse ignorer tout ce qu'il qu'il importeroit de favoir, pour juger fi l'extrait du regiftre en queftion peut mériter quelque confidération dans ce procès. On y a bien nommé Guillaume de Blofville pour deux fiefs à Fontenay-le-Paynel ; il auroit été auffi intéreffant d'y employer le fief ou fiefs fitués à Tilly, que l'on prétend être tenus de Bricquebec, & le propriétaire qui les tenoit.

On ne croit pas en devoir dire davantage fur une copie tronquée, qui ne pourroit faire foi en Jugement qu'autant qu'elle feroit agréée par la Partie intéreffée à la contefter ; à joindre qu'il faudroit que l'original fur lequel elle a été tirée, fût un titre contradictoire avec les auteurs de cette Partie : ce n'eft en effet que fur des titres de cette nature que l'on peut fonder une feigneurie directe ou fuzeraine fur un fief. Tous autres titres, qui ne font que du fait de celui qui fe prétend Seigneur fuzerain, & de fes auteurs, font à compter pour rien, quand ils ne font pas foutenus d'une poffeffion capable de leur donnner de la vigueur.

La fucceffion du dernier des mâles de la famille Bertrand fut partagée en 1353 entre Philippine Bertrand, dame de Rays, M. Guillaume Paynel, Sire de Hambye, à caufe de madame Jeanne Bertrand, fa femme, & mademoifelle Jeanne Bertrand.

On nous produit pour troifieme titre deux des lots qui furent faits, une copie informe du fecond, & une copie collationnée du troifieme. La baronnie de Bricquebec fe trouve répartie dans ces deux lots : mais il n'y eft point parlé d'aucun fief à Tilly ; on n'y trouve ni la châtellenie, ni le fief de Tilly au nombre des arriere-fiefs tenus de la baronnie de Bricquebec, quoique l'hommage de ces arriere-fiefs foit employé dans ces lots, comme une appartenance d'icelle. Ces lots font donc un titre en faveur de la dame de Fontaine.

Nous obferverons à cet égard qu'il eft employé, à la fin du fecond lot » qu'il aura les forfaitures d'Angleterre, les redevances » & aides coutumieres du fief de Blofville, qui eft en la main » du Roi, à caufe defdits forfaitures, & fouloit être tenu par un » fief entier.

» Il aura femblablement defdits forfaitures les aides & redevan- » ces du fief de Brucheville qui fouloit être tenu par un tiers de » fief, & eft en la main du Roi, à caufe defdits forfaitures. «

Du nombre des fiefs qui étoient tenus & mouvants de la baronnie de Bricquebec, il y en a donc eu qui ont paffé en la main du Roi par confifcation : c'eft le Marquis de Matignon même qui nous en adminiftre la preuve.

Le quatrieme titre qu'il nous oppofe eft une copie par extrait, collationnée par le Notaire de Bricquebec, d'une copie collationnée par un Secretaire du Roi, d'une autre copie collationnée par les Notaires du Châtelet le 3 avril 1658, d'un extrait délivré d'une information étant aux archives de la Chambre des Comptes de Paris,

E

faite le 3 février 1426 à Bricquebec, par le Lieutenant du Bailli de Cotentin, en vertu de mandement de ladite Chambre, du 7 septembre 1426, à la requête de noble & puissant Seigneur M. Guillaume de la Polle, Comte de Suffolk, Seigneur & Baron de Hambye & Bricquebec, sur la valeur du revenu & singulieres parties de ladite terre & baronnie de Bricquebec, dont le don lui avoit été fait par Lettres-patentes du feu Roi Henri.

Il est dit dans cet extrait de copie, » que de la baronnie &
» seigneurie de Bricquebec est Fontenay-le-Paynel, assis au Baillia-
» ge de Caen, auquel lieu est siege de plaids & Jurisdiction que
» tient le Sénéchal de Bricquebec; & en sont les revenus ci-après
» déclarés :

Rentes en deniers dues par chacun an.

Le fieu Gallon, assis en la Vicomté de Bayeux, doit 10 s. par an, &c.

Le fieu Benoit le Coutellier, assis en ladite Vicomté, doit 10 s., &c.

Item. Autre partie des fiefs nobles tenus dudit Fontenay-le-Paynel, par hommage, & dont les reliefs, treiziemes, aides coutumieres, droits de garde, forfaitures, si elles y échoient, appartiennent audit Seigneur de Bricquebec, quand le cas l'offre, & peuvent être évaluées & apprétiées en prisée & assiette de terre par an, de la valeur qu'ils sont, pour chacune livre 12 d. de rente annuelle.

Le fieu, terre & seigneurie de Tilly, assis audit Bailliage de Caen, tenu par demi-fief de chevalier, par hommage, de ladite terre & seigneurie de Bricquebec audit Fontenay-le-Paynel, & vaut par an communs ans de revenus, vaudroient lesdits reliefs, treiziemes, aides coutumieres, droit de gardes & de forfaiture en prisée & assiette de terre, au prix dessus dit, cent un sols tournois.

Le fieu Gallon, &c.

Les Agents de la baronnie de Bricquebec présentent cet extrait tronqué comme un titre victorieux, qui ne doit laisser aucune ressource à la dame de Fontaine. Cependant il n'est pas nécessaire de l'examiner de bien près pour en connoître les défauts, tant en la forme qu'au fonds.

D'abord il est assez malaisé de pénétrer quel pouvoit être le but d'une pareille information. Le Comte de Suffolk, donataire, par concession du Roi, des biens qui avoient appartenu à Foulques Paynel, ne devoit compte à qui que ce soit des revenus de ces biens. Quel pouvoit donc être le but de cette information.

Quoi qu'il en soit au reste, cette information, pour être de quelque poids & utilité, auroit dû être contradictoire avec les Parties, qui pouvoient y avoir quelqu'intérêt : elle auroit encore dû être faite sur les lieux, où l'on pouvoit avoir connoissance des faits dont il s'agissoit d'informer ; enfin on auroit dû faire déposer juridiquement les témoins de cette information.

Le mandement de la Chambre des Comptes prescrivoit aux Ju-

ges, après que le Comte de Suffolk leur auroit donné déclaration & situation des singulieres parties des choses sur lesquelles il étoit question d'informer, » de se transporter ès villes & lieux où elles
» étoient assises, chacun dans son Bailliage, & illec, présence &
» appellés toutes manieres de gens, qui de ce pouvoient avoir con-
» noissance, informer & enquérir duement & diligemment, que
» les châteaux, terres, maisons, manoirs & seigneuries, cens,
» rentes, revenus, prés, &c. & autres droits & possessions quel-
» conques, souloit avoir & tenir au duché de Normandie ledit
» messire Foulques, en rédigeant par écrit les singulieres parties
» d'icelles choses, & ce fait, faire information & juste prisée de
» la valeur annuelle d'icelles singulieres parties, où elles sont assises,
» combien au temps de l'an 1410 elles pouvoient valoir de revenu,
» argent comptant, si elles sont tenues en fieu ou en censives, du
» Roi ou autre, de qui & comment, & par quelle maniere, quelles
» noblesses, dignités, patronages, justices & prérogatives y appar-
» tiennent.................. Si desdits châteaux, terres & seigneuries
» sont tenus & mouvants aucuns fiefs & arrieres-fiefs, quels &
» de quelle valeur ils étoient audit temps, comment iceux fiefs &
» arriere-fiefs se relevent, quand le cas y écheoit, & aussi des
» charges dont lesdits fiefs & arriere-fiefs qui en dépendent sont
» chargés, & envers qui.................. Et afin de mieux en ce
» procéder & savoir, faire convenir & appeller gens notables &
» dignes de foi, tels & en tel nombre qu'il appartiendra, experts
» & connoissants en fait de prisée & assiette de terre, les faire
» jurer de loyaument procéder, &c. «

Rien de tout cela n'a été observé dans la prétendue information. Le Lieutenant du Bailli de Cotentin au Siege de Valognes se transporta à Briquebec, où il fit prêter serment à 15 à 16 des hommes & tenants de la prévôté du bourg de Bricquebec, & les examina. Mais ces témoins n'avoient point été assignés pour déposer dans l'information. Il ne paroît pas même qu'ils aient déposé, ou que leur déposition ait été rédigée par écrit ; du moins on n'en voit rien dans l'extrait de copie qui est produite au procès.

Ils pouvoient seulement avoir connoissance des revenus & droits de la baronnie de Bricquebec, dans le lieu & paroisse de Bricquebec ; mais non de ses extensions dans les Vicomtés de Caen & Bayeux, qui en sont distantes de 20 & tant de lieues ; c'étoient les Lieutenants du Bailli de Caen dans ces deux Vicomtés, qui devoient en informer : ils devoient se transporter sur les lieux de ces extensions, & y entendre les témoins qui leur seroient administrés, pour faire information de la valeur, revenu & consistance de ces extensions. Le mandement ou commission de la Chambre des Comptes le portoit en termes exprès. Le Juge de Valognes n'en étoit point compétent, il n'avoit point de pouvoir pour informer de ces extensions, & l'information n'en pouvoit être faite par gens de Bricquebec, qui n'en pouvoient avoir aucune connoissance.

L'information est donc absolument nulle dans la forme, par rapport à ces extensions. Elle l'est encore au fonds. En effet, dans l'extrait que les Agents de la baronnie de Bricquebec ont produit, il n'est rien dit des appartenances du fief, terre & seigneurie de Tilly, des patronages, fiefs & arriere-fiefs qui en relevent ; ce qui étoit encore prescrit par le mandement ou commission de la Chambre des Comptes.

Si l'on avoit été faire une information à Tilly, on y auroit trouvé toutes les connoissances requises. Le Seigneur ou tenant du fief de Tilly, qui n'auroit pas manqué d'être instruit des prétentions du Seigneur de Bricquebec, par l'éclat que la descente d'un Juge & du Procureur du Roi dans le lieu, & les assignations données aux habitants de Tilly, auroient fait, se seroit opposé à l'information, & auroit assujetti le Baron de Bricquebec à justifier par bons titres sa prétention ; il lui auroit justifié lui-même que le fief & châtellenie de Tilly étoient sous la mouvance immédiate du Roi. Les témoins l'auroient ainsi déposé, & il auroit été constaté & avéré que la baronnie de Bricquebec n'avoit aucunes extensions à Tilly. Les témoins de Bricquebec n'avoient aucunes connoissances du fief & seigneurie de Tilly ; ils ne savoient pas même à qui il appartenoit : c'est pourquoi il n'en est point parlé dans l'extrait de copie que l'on représente.

Après ces observations on ne croit pas que le Marquis de Matignon doive plus compter sur la prétendue information qu'il a produite, que sur le cartulaire composé par Nicolas de Mons en 1405.

Il a fait encore produire des copies collationnées de quelques diligences prétendues faites par les Agents & Officiers de la baronnie & Haute-Justice de Bricquebec en 1428, pour saisir & arrêter, pour défaut d'homme, hommage non fait, & dénombrement non-baillé, & autres droits & devoirs de fief non-faits, les fiefs de Tilly, de Mons & de Nelle, appartenants aux hoirs Benoît le Coutellier. Mais puisqu'il est obligé de convenir que ces diligences n'ont eu aucunes suites, elles prouvent plutôt contre lui que pour lui. Elles ne peuvent en effet passer que pour une vaine tentative, dont les Officiers de la baronnie de Bricquebec furent obligés de se départir, parce qu'ils reconnurent qu'elle étoit mal fondée.

D'ailleurs, suivant le record du Sergent qui avoit instrumenté, le mandement donné par le Juge de Bricquebec, pour saisir les fiefs y dénommés, n'avoit été publié qu'à l'issue de la messe paroissiale de Fontenay-le-Paynel, & non à l'issue de celle de Tilly. Le fief de Tilly saisi en vertu du mandement, n'étoit donc pas assis à Tilly, mais à Fontenay-le-Paynel ; & le mandement donne à entendre qu'il appartenoit, de même que les fiefs de Mons & de Nelle, aux hoirs Benoît le Coutellier. Cela ne peut pas avoir rapport

port à la châtellenie de Tilly, fituée en la paroiffe de Tilly.

En 1493 il dut y avoir de nouvelles diligences de réunion commencées à la requête du même Receveur, qui avoit fait faire celles de 1428; mais on n'y comprit que les fiefs appartenants aux hoirs Benoît le Coutelier, & le fief de Mons appartenant aux hoirs de Richard Gallon, & les diligences furent encore faites à l'iffue de la meffe paroiffiale de Fontenay-le-Paynel, fuivant la copie que le Marquis de Matignon produit. Quelle induction peut-il en tirer pour attribuer la mouvance de la châtellenie de Tilly à fa baronnie de Briquebec?

Il ne fe trouve dans la production du Marquis de Matignon aucuns titres depuis les procédures de 1428 jufqu'en 1676, où il foit parlé du fief de Tilly; c'eft environ 2 fiecles & demi, pendant lefquels les Barons de Bricquebec & leurs gens d'affaires avoient entièrement oublié que leur baronnie dût avoir la directe fur les fief, feigneurie & châtellenie de Tilly.

Dans l'aveu que la Princeffe Anne-Gennevieve de Bourbon, veuve de Henri d'Orléans, Duc de Longueville & d'Etouteville, Pair de France, Prince Souverain de Neufchâtel, &c. rendit au Roi, au nom & comme curatrice de Jean-Louis-Charles d'Orléans, Duc de Longueville, fon fils, le 20 avril 1676, de la baronnie de Bricquebec, il eft employé * » que les fiefs de Pierreville & Blof-   * Pages 38, 39
» ville en relevoient autrefois; mais qu'ils étoient anciennement   & 40.
» tombés en la main du Roi, par le fait & félonnie des Seigneurs
» defdits fiefs, lors de la réunion de la duché & Couronne fouverai-
» ne de Normandie à la Couronne de France, lequel fief de Blof-
» ville avoit été poffédé par Jacques de Harcourt, qui avoit tenu
» & fuivi le parti du Roi d'Angleterre, au préjudice du fervice
» de Sa Majefté, Roi de France; pourquoi lefdits fiefs tomberent
» en dépiécement, & les rentes feigneuriales, appellées forfaitures
» d'Angleterre, étoient demeurées au profit de Sa Majefté, &
» néanmoins pour l'indemnité des Seigneurs de Bricquebec, les
» tenures, droits & profits de fiefs ordinaires leur étoient demeu-
» rés, avec droit de Juftice; qu'il en étoit de même des fiefs de
» Brucheville, qui étoient également tombés en forfaitures, pour
» même caufe. «

On lit à la page 41 de cet aveu, » que plufieurs & divers fiefs
» nobles font encore tenus & mouvants de la baronnie, Vicomté
» & Haute-Juftice de Bricquebec, fous la branche & fiege de
» Fontenay-le-Paynel, membre de ladite baronnie au Bailliage de
» Caen, dans les Vicomtés de Caen & Bayeux; & entr'autres le
» fief, terre & châtellenie de Tilly, dont le chef & château eft
» affis en la paroiffe de Tilly, Vicomté de Bayeux, & a jadis ap-
» partenu à Girard d'Harcourt, Chevalier, & s'étend en ladite
» paroiffe de Tilly, & aux paroiffes de Juvigny, Hottot, Audrieu,
» Berigny & autres lieux, avec plufieurs & diverfes dignités &

» appartenances, & plufieurs arriere-fiefs tenus dudit fief & châ-
» tellenie de Tilly, à préfent tenue & poffédée par Me Blondel,
» Ecuyer, Sr dudit lieu de Tilly, Confeiller du Roi, Lieutenant
» Civil & Criminel au Bailliage & Siege Préfidial de Caen, lequel
» en doit rentes, fervices & redevances, & eft ledit fief de Tilly
» tenu par demi-fief de haubert. «

L'aveu rendu le 18 décembre 1698 de la baronnie de Bricquebec, par madame la Duchefse de Nemours, contient pareille énon-
ciation.

Cet aveu a été fuivi d'Arrêt de derniere main-levée en la Chambre des Comptes de Normandie le 3 feptembre 1700. Le vu des
pieces fur lefquelles il fut rendu, fait mention, » que pour les
» fiefs de Tilly, Gallon & autres de la branche de Fontenay-le-
» Paynel, il avoit été produit une copie collationnée d'un extrait
» d'information faite en 1426, par laquelle il paroît que Fontenay-
» le-Paynel eft un membre de la baronnie de Bricquebec; & que
» d'icelui membre eft relevant le fief de Tilly, affis au Bailliage
» de Caen : enfuite duquel extrait eft un aveu rendu à Foulques
» Paynel, Seigneur de Hambye & de Fontenay-le-Paynel, à caufe
» & pour raifon de fes terres & feigneuries dudit lieu de Fontenay,
» par Girard de Harcourt, Ecuyer, du fief de Tilly du 14 juin
» 1413. «

Enfin l'Arrêt de derniere main-levée *réferve & excepte la tenure
des fiefs de Brucheville, Pierreville, Blofville, du Vay, de Tilly,
Chambichard, Gallon & Silly en Beffin, comme ayant été confifquée
au profit du Roi.*

Le Marquis de Matignon produit encore pour dernier titre une
copie par extrait de l'aveu qu'il a rendu au Roi de la baronnie de
Bricquebec le 22 décembre 1723, dans lequel il a employé » le
» fief, terre, feigneurie & châtellenie de Tilly, dont le chef &
» château eft affis en la paroiffe de Tilly, Vicomté de Bayeux, &
» a jadis appartenu à Girard de Harcourt, Chevalier, comme
» tenu de la baronnie de Bricquebec, fous la branche & fiege de
» Fontenay-le-Paynel. «

Ces trois aveux, qui font les derniers titres qu'on nous oppofe,
préfentent trois obfervations importantes; la premiere, que ce font
des actes du fait feul des Seigneurs qui les ont rendus : ils ont été
les maîtres d'y employer ce qu'ils ont voulu; leur énoncé dans ces
aveux ne peut donc pas leur faire un titre contre un tiers, qui n'y
a eu aucune part, & qui n'en a eu aucune connoiffance.

Ces aveux n'ont point été lus & publiés à Tilly, ni aux affifes
des Bailliages de Caen & Bayeux, & il n'y a point eu d'information faite dans ces lieux pour la vérification d'iceux; les lectures &
publications n'ont été faites qu'à Bricquebec & aux affifes du Bailliage de Valognes : la preuve s'en trouve dans le vu de pieces de
l'Arrêt de derniere main-levée du 3 feptembre 1700 : on ne peut

donc pas objecter à la dame de Fontaine que fon aïeul ne s'y eſt point oppoſé ; ces aveux ne font donc d'aucune autorité contr'elle.

Il en avoit été produit de plus anciens en 1700, qui ſont viſés dans l'Arrêt de derniere main-levée. Pourquoi le Marquis de Matignon ne les produit-il point aujourd'hui ; par exemple, la copie collationnée de l'aveu rendu le 23 novembre 1396, en la Chambre des Comptes de Paris, par Jeanne Bertrand, d'un tiers de la baronnie de Bricquebec, & de l'extrait de l'aveu rendu par Michel d'Eſtouteville, de cette baronnie entiere, le 7 mars 1456, qui font viſés f° 3 & 4 r° de cet Arrêt ? C'eſt apparemment qu'il n'y eſt point fait mention du fief & châtellenie de Tilly. Mais s'il n'y en eſt point fait mention, c'eſt que dans ces temps éloignés on ne le regardoit pas comme tenu & mouvant de la baronnie de Bricquebec. Par quel événement ſe ſera-t-il donc trouvé en 1676 & 1698 ſous la directe de cette baronnie ?

La ſeconde obſervation à faire ſur les derniers aveux, a pour objet l'aveu que l'on attribue à Girard de Harcourt en 1413, qui eſt viſé dans l'Arrêt de derniere main-levée.

Nous avons vu que dans les Lettres patentes du Roi Charles, de l'année 1377, il eſt fait mention » que cette châtellenie avoit été » précédemment en la garde du Roi, qui, dans ce temps-là, avoit » pourvu de guet & garde à la ſûreté & tuition dudit châtel ; « que dans celles de 1380 & autres ſubſéquentes, il étoit dit » que » la châtellenie de Tilly étoit tenue nuement & ſans moyen du » Roi ; « que Louis de Craeſmes, fils de Charles & de Gabrielle de Harcourt, en avoit fait foi & hommage au Roi Henri le 13 janvier 1550, & que Charles de Craeſmes ſon pere en avoit donné déclaration ou dénombrement, comme tenue du Roi par châtellenie, le 25 ſeptembre 1540 : ne doit-il pas paroître tout-à-fait extraordinaire dans ces circonſtances, que Girard de Harcourt eût rendu aveu de cette même châtellenie au Baron de Bricquebec en 1413 ?

Mais ſi c'eſt de cette châtellenie qu'il eſt queſtion dans cet aveu, pourquoi ne ſe trouve-t-il point dans la production du Marquis de Matignon ? On ne dira pas qu'il ait été enlevé par les Anglois, lorſqu'ils furent chaſſés de la province, après la bataille de Formigny, ni qu'il ait été conſumé par les flammes, dans les différents incendies arrivés au chartrier de Bricquebec, puiſqu'il fut produit lors de l'Arrêt de derniere main-levée en 1700. Il n'aura ſans doute pas plus été perdu que l'information de 1426 & les autres titres qui compoſent la production du Marquis de Matignon : il y a donc des raiſons ſecretes qui empêchent de le mettre au jour. Ce titre n'eſt ſans doute pas de nature à être mis au creuſet, il ne ſoutiendroit pas l'épreuve.

Enfin, & c'eſt ici notre derniere obſervation ſur les aveux & ſur l'Arrêt de derniere main-levée, le fief de Tilly, de même que plufieurs autres, ont été jugés n'être point fous la directe de la baronnie de Bricquebec, parce que la tenure en avoit été confifquée au profit du Roi, ou du moins cet Arrêt affujettit le Baron de Bricquebec à faire apparoir d'autres titres que ceux qui avoient été produits pour juftifier que le fief de Tilly & autres étoient de la tenure de la baronnie de Bricquebec. Tant qu'il n'aura pas été fatisfait à cette difpofition de l'Arrêt, le Baron de Bricquebec fera-t-il en droit de l'oppofer, & les aveux fur lefquels il a été rendu, comme des titres qui lui attribuent la directe fur le fief de Tilly? Cet Arrêt n'opere-t-il pas au contraire une fin de non-recevoir invincible contre une femblable prétention?

Que le Baron de Bricquebec ait la faculté de faire lever dans tous les temps les réferves portées par cet Arrêt, parce qu'il n'y a aucun délai prefcrit & limité par icelui, pour faire apparoir de titres de la tenure du fief de Tilly, & autres qui y font dénommés, cela eft fort indifférent; il n'en fera pas moins vrai que tant qu'il n'aura point fait apparoir de titres bons & valables, pour juftifier que le fief de Tilly eft de la mouvance de la baronnie de Bricquebec, les aveux de cette baronnie feront impuiffants pour lui faire attribuer la fuzeraineté fur le fief de Tilly; l'Arrêt de derniere main-levée y formera un obftacle infurmontable.

En vain nous oppofe-t-on un Arrêt du Parlement de Paris du 3 avril 1753, qui a maintenu le Marquis de Matignon au droit & poffeffion de conférer feul & de plein droit la chapelle de S. Blaife, réfervée par l'Arrêt de derniere main-levée jufqu'à ce qu'il eût été juftifié de plus amples titres, & un Arrêt du Confeil du 5 fevrier 1715, qui maintient les Officiers de la Haute-Juftice de Blofville, dépendante de celle de Bricquebec, dans leurs droits, privileges & fonctions, nonobftant que la tenure du fief de Blofville eût été mife en réferve, également que celle du fief de Tilly, par l'Arrêt de derniere main-levée. Le Baron de Bricquebec ne peut jamais inférer de ces Arrêts que la réferve, par rapport au fief de Tilly, doive être fans effet : ces Arrêts ne peuvent avoir d'application qu'aux objets pour lefquels ils ont été rendus.

D'ailleurs les réferves portées par l'Arrêt de derniere main-levée pourroient n'être pas fondées, par rapport à certains fiefs & à quelques-uns des droits exprimés dans cet Arrêt, fans que cela préjudiciât aux réferves qui concernent d'autres fiefs & d'autres droits. Les Arrêts qui ont été rendus pour le droit de patronage & de préfentation à la chapelle S. Blaife, & les droits de la Haute-Juftice de Blofville, font donc fans conféquence pour la tenure du fief de Tilly.

Ces Arrêts au furplus ne donnent aucune atteinte aux réferves portées par l'Arrêt de derniere main-levée; dans celui de 1753 le fieur Hubert ne conteftoit point au Baron de Bricquebec le patronage de la chapelle S. Blaife; il prétendoit feulement que, faute

par

par le sieur de la Cotte, Prêtre, qui y avoit été nommé, d'avoir pris le visa de l'Evêque, dans les six mois du jour du décès du dernier pourvu, le bénéfice étoit impétrable, & il en avoit obtenu des provisions de Cour de Rome; la question ne consista qu'à savoir si le Baron de Bricquebec pouvoit conférer ce bénéfice de plein droit, sans le concours de l'Evêque : il se fonda sur sa possession, sans donner aucune connoissance au sieur Hubert de l'aveu de 1698 & de l'Arrêt de derniere main-levée. Les réserves qu'il contient demeurerent donc inconnues, & conséquemment elles ne reçurent aucune atteinte de l'Arrêt, qui déclara » les provisions obtenues en » Cour de Rome, par le sieur Hubert, abusives, & maintint le » pourvu par le Baron de Bricquebec au droit & possession de con- » férer seul cette chapelle, sans que le pourvu fût tenu de pren- » dre bulles, provisions, ni visa. «

L'Arrêt de 1715 fut rendu sur une simple requête, dans laquelle on exposa, » que les Officiers de la Haute-Justice de Blosville, » membre de celle de Bricquebec, étant en possession d'exercer » les fonctions de leurs offices dans toutes les paroisses qui en étoient » dépendantes, le Sergent de cette Haute-Justice avoit incontesta- » blement le droit de faire la vente des meubles dont il s'agissoit, » à l'exclusion du Sergent Priseur-Vendeur, créé par Edit du mois » d'octobre 1696. « On produisit bien, au soutien de cet exposé, une Ordonnance du Commissaire départi en la généralité de Caen du 2 novembre 1683, qui avoit maintenu le Baron de Bricquebec dans les tabellionages & sergenteries de sa Haute-Justice, avec défenses au fermier du domaine & à tous autres de le troubler, de faire faire les inventaires & vendues dans ladite Haute-Justice, avec droit, & une copie collationnée de l'aveu du 18 décembre 1698 : mais on se garda bien d'y joindre l'Arrêt de derniere main-levée, contenant une disposition qui mettoit les fiefs de Blosville & de Bru- cheville en réserve : que l'on ne dise donc pas que l'Arrêt du Con- seil, rendu sur requête, n'ait eu aucun égard aux réserves portées par l'Arrêt de 1700. Ces réserves subsistent toujours & subsisteront jusqu'à ce que le Baron de Bricquebec ait rapporté titres valables pour les faire lever, & les ait effectivement fait lever par un Arrêt.

On objecte encore qu'il n'est point véritable que les fiefs de Pier- reville, de Tilly, de Chambichard & de Gallon eussent été con- fisqués au profit du Roi : mais c'est le titre même produit par le Baron de Bricquebec, qui justifie cette confiscation. Il faut bien que M. le Procureur-Général de la Chambre des Comptes en eût des preuves sous les yeux, puisqu'il se porta à requérir la réserve prononcée par l'Arrêt, sur le fondement de cette confiscation ; & ce fut sans doute dans la production de madame la Duchesse de Nemours qu'il les trouva ; car il est ridicule de dire que M. le Procureur-Général & la Chambre des Comptes ne se soient déter- minés à mettre ces fiefs en réserve, que sous prétexte » qu'il fut

G

» connu que les fiefs d'Amaury de Bruchierville, de Courchy &
» de Bosville, qui devoit appartenir à Guillaume de Blosville,
» avec deux fiefs à Fontenay-le-Paynel, suivant le registre des fiefs,
» qui dut être fait sous le regne de Philippe-le-Long, avoient jadis
» été confisqués, ainsi que le quart de fief assis à Tilly, qui avoit
» appartenu à Thomas de Juvigny, que l'on regarda comme le
» vrai fief de Tilly. « Quel rapport peut-on donc remarquer entre ces fiefs & ceux dénommés dans l'Arrêt de la Chambre des Comptes ; & qu'elle preuve rapporte-t-on que le fief de Tilly, qui a appartenu à Thomas de Juvigny, ait jamais été confisqué ? Au reste, ce n'est pas à la dame de Fontaine à prouver que les fiefs dont la ténure a été mise en réserve par l'Arrêt de 1700, aient été confisqués au profit du Roi. Le Marquis de Matignon nous en a administré lui-même des preuves, par la production qu'il a faite de cet Arrêt, exécuté par ses auteurs & par lui-même. Il n'est pas besoin d'y rien ajouter.

» Mais, dit-on, il est prouvé par les propres titres de la dame
» de Fontaine, que la seigneurie de Tilly n'a point été confisquée ;
» titres qui établissent que depuis 1381 elle fut possédée par la
» maison d'Harcourt jusqu'au temps où elle passa à Charles de
» Craesmes, depuis lequel elle a successivement passé dans la main
» des Bretagne, des Blondel & des Fournier. « Mais est-ce que la confiscation ne pourroit pas avoir été antérieure ? Les aveux de la baronnie de Bricquebec, de 1676 & 1698, apprennent qu'il y eut des confiscations de fiefs mouvants de la baronnie de Bricquebec, au profit du Roi, lors de la réunion de la couronne ducale de Normandie à celle de France ; ne pouvoit-il donc pas se faire que la confiscation du fief & châtellenie de Tilly fût de cette époque ?

Enfin le Baron de Bricquebec tranche la difficulté, en soutenant
» que le Roi ne peut priver & ne prive jamais, par le moyen de
» la confiscation, le Seigneur suzerain de sa mouvance & autres
» droits ; que dans l'usage ancien il mettoit dans l'an le fief con-
» fisqué hors de ses mains, ou s'il jugeoit à propos de le garder,
» commettoit un Gentilhomme, ou un de ses Officiers, pour en
» faire le devoir. «

Dans les autorités mêmes que l'on cite pour accréditer ces maximes, on y trouve des exceptions établies. L'Ordonnance même de Philippe-le-Bel, de l'an 1302, en contient une, dans l'article que l'on nous oppose : *infrà annum & diem, extrà manum nostram ponemus, & ponemus in manu sufficientis hominis ad deserviendum feudis, vel dominis feudorum recompensationes sufficientes & rationabiles faciemus.*

L'Ordonnance de 1315 contient la même exception : *mais ce qui nous est venu par forfaiture, ou par autre échoitte, nous retendrons ce qu'il nous plaît, en baillant au Seigneur de qui fié il mou-*

véra, homme fuffifant pour le fié, ou faifant fuffifante récompenfation d'icelui fié.

Il eſt donc au pouvoir du Roi de garder & retenir le fief qui lui échoit par confiſcation, dans la mouvance d'un Seigneur particulier, en faiſant récompenſe fuffifante & raifonnable; & à ce moyen il ceſſe d'être tenu du Seigneur dont il étoit mouvant. Ainſi quand il feroit établi que le fief & châtellenie de Tilly auroit été dans le principe fous la directe de la baronnie de Bricquebec, ou de la feigneurie de Fontenay-le-Paynel, qui en devoit être un membre, la mouvance en auroit pu paſſer au Roi par la confiſcation, foit du fief & châtellenie de Tilly, foit de la feigneurie de Fontenay-le-Paynel, au profit du Roi, par la récompenfe & indemnité que le Roi auroit donnée au Baron de Bricquebec, de la perte & privation de la tenure de ce fief; & l'on pourroit d'autant moins révoquer en doute cette indemnité, que pendant quatre fiecles cette châtellenie a toujours été tenue fous la directe du Roi.

Le Baron de Bricquebec n'auroit point invoqué l'autorité de Bacquet, comme favorable à fa prétention, s'il avoit voulu pouſſer fes recherches un peu plus loin. En effet cet Auteur dit, chapitre 12 du traité des droits de Juſtice, n. 2, » que fi le Roi, » nonobſtant l'Ordonnance de Philippes-le-Bel, veut retenir le fief » qui lui a été confiſqué, immédiatement tenu d'un Gentilhomme, » il eſt raiſonnable que ledit Seigneur baille homme qui porte la » foi audit Gentilhomme, ou bien lui paie indemnité générale...... » Le femblable fera dit des terres confiſquées au Roi, étant en la » cenſive de quelque Gentilhomme, deſquelles, fi le Roi ne veut » vuider fes mains, ains les retenir, il eſt raiſonnable qu'il paie » indemnité générale au Seigneur cenſier, à l'exemple des gens de » main-morte. «

Bérault dit encore la même choſe fur l'art. 144 de la Coutume de Normandie.

Un Arrêt affez récent va fortifier ces autorités. Il fut rendu en la Grand'Chambre, au rapport de M. Hubert, le 20 mars 1738, fur ce fait.

Le fief du Chatellier, qui relevoit originairement de la baronnie d'Avranches, fut confiſqué au profit du Roi, fur Jean Teſſon, en 1344. Le Roi le mit en fa main, & le garda fort peu de temps. Il en fit don, ainſi que de la meilleure partie des biens confiſqués, à Jean Olivier du Gueſclin, Seigneur de la Roche-Teſſon, qui prétendit que ce fief étant une fois rentré dans la main du Roi, ne pouvoit plus repaſſer fous la mouvance & directe de la baronnie d'Avranches. Cela fit l'objet d'un procès, qui fut porté en l'Echiquier de Normandie, en 1392, entre lui & Jean, Evêque & Baron d'Avranches.

Ce procès, étant demeuré indécis, fut renouvellé dans le fiecle fubféquent. Après que le fief du Chatellier eut repaſſé dans la main du Roi, l'Evêque d'Avranches présenta sa requête en la Chambre des Comptes de Paris en 1454, pour faire ordonner l'adjudication du fief du Chatellier, de la tenure duquel il se trouvoit dépossédé, ou autrement obtenir que le Roi lui baillât homme pour lui en faire les devoirs. Il ne put obtenir ni l'un ni l'autre, ce qui porta son successeur à demander que la tenure immédiate du fief d'Appilly, qui étoit tenu du fief du Chatellier, lui fût au moins adjugée pour lui tenir lieu d'indemnité, si celle du fief du Chatellier ne lui étoit pas rendue, & s'il n'étoit pas autrement pourvu à son indemnité.

On reconnoît à ce trait cette religieuse activité des Ecclésiastiques pour la conservation & augmentation du temporel de leurs bénéfices.

Le Seigneur du fief d'Appilly, poursuivi pour en rendre aveu, prétendit que ce fief étoit passé sous la tenure immédiate du Roi, & lui en rendit aveu en 1540.

René de Bouillé, son successeur, mit l'Evêque d'Avranches en débat de tenure avec le Roi, & fit signifier son aveu, tant au Procureur du Roi qu'à l'Evêque d'Avranches en 1566, & en 1584 il vendit le fief d'Appilly comme tenu & mouvant du Roi, sans cependant en garantir la tenure.

Georges Péricard, Evêque d'Avranches, en demanda le treizieme & se le fit adjuger par une Sentence rendue aux Assises du Bailliage d'Avranches du 17 avril 1584, contre le Procureur du Roi, le Receveur du Domaine & Jean de Brecey, acquéreur du fief d'Appilly; Sentence dont l'exécution fut ordonnée par une autre du 24 mai 1603, à l'occasion d'une saisie du fief d'Appilly, à la requête du Procureur du Roi, en vertu d'une commission de la Chambre des Comptes, de laquelle saisie main-levée fut accordée par Arrêt de la Chambre des Comptes du 16 décembre 1609.

Les choses en demeurerent là jusqu'en 1732 que le fief d'Appilly ayant été vendu de nouveau, M. le Blanc, Evêque d'Avranches, en demanda le treizieme. Procès en conséquence, qui fut porté au Bureau des Finances de Caen entre lui, le Receveur du Domaine & l'acquéreur. M. le Blanc y obtint un Jugement favorable le 23 juillet 1735.

Sur l'appel en la Cour, M. le Blanc réclama encore la tenure du fief du Chatellier, pour laquelle il n'avoit été fait aucune récompense ni payé d'indemnité à l'Evêque d'Avranches; & il prétendit que la mouvance du fief d'Appilly, qui étoit originairement tenu médiatement de la baronnie d'Avranches, étoit la moindre indemnité qui eût pu-être accordée; que c'étoit chose jugée par les Sentences de 1584 & 1603, contre lesquelles il n'étoit pas possible de revenir.

Mais le Seigneur du fief d'Appilly & le Receveur du Domaine se rendirent incidemment appellants de ces Sentences, ainsi que de plusieurs autres, qui avoient été rendues par le Sénéchal
de

de la baronnie d'Avranches ; & par l'Arrêt, la Cour mit *l'appellation & ce dont étoit appellé au néant ; corrigeant & réformant*, débouta M. l'Evêque d'Avranches de sa réclamation de la mouvance de l'un & l'autre fief, & de sa demande du treizieme, & le condamna aux dépens.

Que le Baron de Bricquebec cesse donc de soutenir que le Roi ne peut conserver en sa main les fiefs, dont la confiscation est jugée à son profit, quand ils ne relevent pas immédiatement de sa Couronne ou de son domaine, & qu'il ne peut priver le Seigneur suzerain de sa mouvance & autres droits sur le fief confisqué ; il est au contraire d'un principe certain, fondé sur le texte des loix du royaume, qu'il est le maître de les retenir, en pourvoyant à l'indemnité du Seigneur suzerain ; & il en est quantité d'exemples. Nous venons d'en citer un bien solemnellement confirmé par un Arrêt.

Ainsi quand il seroit bien établi que la châtellenie de Tilly auroit originairement relevé du fief de Fontenay-le-Paynel, que l'on prétend être un membre de la baronnie de Bricquebec, dès qu'il est jugé, par l'Arrêt de derniere main-levée du 3 septembre 1700, que cette châtellenie a passé dans la main du Roi, par confiscation, le Baron de Bricquebec ne seroit ni recevable ni fondé à en réclamer la mouvance, sur-tout après une possession de 4 siecles, sous la tenure immédiate du Roi.

La dame de Fontaine n'eût-elle que cette possession en sa faveur, c'en seroit assez pour anéantir tous les titres antérieurs que le Baron de Bricquebec lui pourroit opposer, & le faire déclarer non-recevable dans la réclamation qu'il a hazardée, après une possession aussi longue ; car c'est un paradoxe de soutenir que la prescription ne puisse avoir lieu dans cette matiere.

En général tout ce qui peut être acquis, est sujet aux loix de la prescription. La tenure des fiefs peut être acquise, pour être transférée sous la directe du Roi. Il y en a un exemple dans ce procès.

Jacques le Fournier, Ecuyer, Sieur de Francheville, Seigneur Châtelain de Tilly, acquit de M. de Missy, Conseiller en la Cour, par contrat du 21 décembre 1700, la tenure du fief, terre & seigneurie d'Orbigny, assis en la paroisse de Tilly, qui relevoit du fief & seigneurie de Missy, à l'effet qu'il relevât à l'avenir immédiatement du Roi, & qu'il pût être uni & incorporé à la terre & châtellenie de Tilly ; en conséquence il y eut des lettres patentes expédiées en 1701.

La prétendue chartre de Robert Bertran, si elle étoit en forme probante, & qu'elle pût être de quelque autorité en jugement, ne seroit considérée que comme le contrat du 21 décembre 1700. Elle ne présente en effet l'idée que d'une remise ou concession faite à prix d'argent, en faveur de Henri de Tilly, de la tenure & mouvance des fiefs & tenemens mentionnés dans cette prétendue

H

chartre, afin que Henry de Tilly pût la porter directement au Souverain. Mais quand il en feroit autrement, & que l'on adopteroit l'interprétation que le Baron de Bricquebec y donne, qui est que Robert Bertran n'auroit fait que concéder, par cette chartre, des fiefs & tenements qui ne lui appartenoient pas, fans en céder la tenure & mouvance à Henri de Tilly, qui lui payoit 40 liv. angevines pour le prix de cette conceffion, tout ce que l'on en pourroit inférer, c'eft que cette chartre ne feroit pas le titre en vertu duquel la mouvance de ces fiefs & tenements auroit été défunie & démembrée de la feigneurie de Fontenay-le-Paynel, membre de la baronnie de Bricquebec, pour paffer fous la mouvance immédiate du Roi; & le Baron de Bricquebec pourroit d'autant moins argumenter de cette chartre, que ce n'eft pas la dame de Fontaine qui la produit; elle ne l'adopte pas pour fon titre.

Mais ce qui n'auroit point été fait par cette chartre, auroit pu l'être par un titre poftérieur. Le Baron de Bricquebec auroit pu céder au Châtelain de Tilly la tenure & mouvance de fes fiefs & tenements, en confentir la défunion de fa feigneurie de Fonteney-le-Paynel, à l'effet qu'ils fuffent à l'avenir tenus & mouvants immédiatement du Roi; & on devroit préfumer, même tenir pour conftant, qu'il l'auroit fait, puifque ces fiefs & tenements ont été tenus nuement & immédiatement du Roi, pendant l'efpace de 5 fiecles.

Après une poffeffion auffi longue, on ne peut être obligé de repréfenter les titres, en vertu defquels la tenure a été transférée d'un Seigneur particulier au Roi; on doit préfumer que tout s'eft fait dans les régles, & il n'y a plus de retour. On n'écouteroit point le Seigneur du fief de Miffy à réclamer, après plufieurs fiecles, la tenure du fief d'Orbigny, fur le fondement que l'on ne repréfenteroit point le contrat du 21 décembre 1700, ni les lettres patentes de 1701, en vertu defquelles il a été uni & incorporé à la châtellenie de Tilly, pour être tenu du Roi à une feule foi & hommage & un feul aveu.

En vain alléguerait-il que la prefcription n'ayant point lieu contre le Roi, le Roi ne peut point prefcrire non-plus contre fes fujets, & que dès qu'il feroit conftant que le fief d'Orbigny auroit originairement été tenu de celui de Miffy, c'en feroit affez pour faire remettre les chofes dans leur premier état, fans avoir égard aux poffeffions contraires, quelques longues qu'elles puffent être. On lui répondroit que la tenure de ce fief aiant pu être cédée, à l'effet de paffer fous la mouvance du Roi, on devroit préfumer que le changement feroit arrivé du confentement & agrément du Seigneur du fief de Miffy, que tout fe feroit fait dans les régles, & qu'après un auffi long-temps on ne feroit point obligé d'en juftifier les titres.

Le Baron de Bricquebec n'eft point dans une efpece plus favorable, ni différente de celle où se trouveroit le sieur de Missy : il ne doit pas plus se flatter d'être écouté dans la réclamation qu'il fait de la tenure de la châtellenie de Tilly, que le seroit le sieur de Missy à revendiquer celle du fief d'Orbigny. La possession de tenir ces fiefs immédiatement du Roi pendant plusieurs siecles, ne permet point d'en rechercher la source & le principe, que la nuit des temps couvre d'un voile impénétrable.

Bacquet, dans son traité du droit de déshérence, chapitre 7, n. 6, dit » que nous tenons en France la prescription centenaire » duement complette être reçue contre le Roi, tout ainsi que con- » tre l'Eglise romaine, ès anciens droits & héritages domaniaux » de la Couronne de France, ou ès droits & héritages faits & » réputés domaniaux, soit qu'il soit question des châteaux, sei- » gneuries, fonds de terre, héritages, droits de justice, &c. « Il en cite des exemples, n. 7, & conclut ainsi, n. 8; » de » sorte que pour lejourd'hui il est certain que la possession im- » mémoriale est reçue contre le Roi en tous héritages & droits » domaniaux de la Couronne de France, nonobstant l'Edit publié » en la Cour de Parlement, de l'exprès commandement du Roi » François I, le 3 juillet 1539, par lequel toute prescription, » même la centenaire, est tollue contre le Roi, & ordonné qu'on » ne pourra s'aider d'aucune prescription, pour s'attribuer les droits » & héritages appartenants à Sa Majesté, lequel Edit n'a jamais été » suivi, *neque in consulendo, neque in judicando* ; & quand un » Seigneur n'a titres valables pour se défendre contre un Pro- » cureur du Roi, des droits de justice, censive, péages & autres » desquels il jouit, le plus sûr est qu'il allégue possession cen- » tenaire & immémoriale, l'articule & vérifie bien & duement : » en ce cas il reculera bien fort un Procureur du Roi, le mettra » bien loin de ses desseins. «

Brillon, Dictionnaire des Arrêts, *verbo prescription*, n. 96, dit » que le Roi peut prescrire un arriere-fief contre un vassal, » & que cela fut ainsi jugé par un Arrêt du Parlement de Tou- » louse en 1671. «

Il dit encore dans un autre endroit » que le Roi peut pres- » crire la directe tenure de l'arriere-fief, mouvant de son vassal, » par une longue possession des foi & hommage, droits & devoirs » à lui faits & payés; « & il cite un Arrêt du 28 juin 1578, rapporté par Carondas, qui l'a ainsi jugé.

Nous bornerons là nos observations sur cette question de pres- cription, parce qu'elle n'intéresse absolument point la dame de Fontaine. Le Baron de Bricquebec n'a aucun titre valable pour fonder sa réclamation ; ceux qu'il produit prouveroient tout au plus, s'ils étoient en bonne forme, qu'un de ses auteurs auroit cédé à prix d'argent sa directe & mouvance d'un tenement assis à Tilly & de deux fiefs, à l'effet de la faire passer sous celle du

Roi ; ils prouveroient encore que ces fiefs anciens [...] main du Roi, a droit de confiscation, raison pour quoi la [...] [...] prise en reserve par l'Arrêt de derniere main-levée [...] septembre 1760. Enfin, ces titres font du fait propre des Barons de Bricquebec, il n'y en a aucun qui soit contradictoire avec les Seigneurs de la chatellenie de Tilly.

D'un autre côté la dame de Fontaine prouve que la chatellenie de Tilly a été possédée, pendant 4 siecles, comme tenue immédiatement du Roi, sans jamais avoir reconnu d'autre Seigneur suzerain ; ils en ont fait foi & hommage au Roi nombre de fois, elle est tombée en sa garde, & jamais les Barons de Bricquebec, ni les Seigneurs de Fontenay-le-Paynel n'ont tenté de s'en attribuer la garde noble. Ces titres possessoires, qui supposent une inféodation ou érection primitive de la chatellenie de Tilly, pour être tenue & mouvante immédiatement du Roi, ne peuvent manquer de faire confirmer la Sentence du Bureau des Finances, qui a conservé cette chatellenie sous la mouvance immédiate de Sa Majesté.

Ainsi nous n'avons pas besoin de puiser des secours dans les lettres patentes de 1701, qui ont uni & incorporé plusieurs autres fiefs relevans du Roi à la chatellenie de Tilly, ni dans les unions d'autres fiefs précédemment faites, dont il est parlé dans les lettres patentes de 1702 ; ni de représenter l'impossibilité qu'il y auroit aujourd'hui à distinguer dans cette chatellenie, ce qui a originairement procédé des différens fiefs qui s'y sont trouvés confondus.

S'il étoit possible que M. le Marquis de Matignon fût écouté dans sa prétention, comment reconnoîtroit-il ce qui a dû composer l'ancien tenement qu'il prétend avoir originairement été tenu de la seigneurie de Fontenay-le-Paynel ? Que pourroit-il réclamer ? C'est assurément ce qu'il ne nous dira point ; mais ce sont-là des observations surabondantes. Il n'a ni titre ni possession ; & la dame de Fontaine lui oppose des titres & une possession de la chatellenie de Tilly sous la mouvance immédiate du Roi, suivie & sans interruption pendant le cours de 4 siecles : c'en est bien plus qu'il n'en faut pour la mettre à couvert de toutes attaques.

Par ces raisons & autres qu'il plaira à la Cour suppléer de droit & d'équité, par ses lumieres supérieures, la dame de Fontaine persiste aux conclusions qu'elle a ci-devant prises.

Monsieur DE LAUNOY DE BELLEGARDE, Conseiller-Rapporteur.

Me HERVIEU, Avocat.

Me ANDRIEU, Procureur.

A ROUEN, De l'Imprimerie de JACQUES DUMESNIL, rue Poterne, 1765.

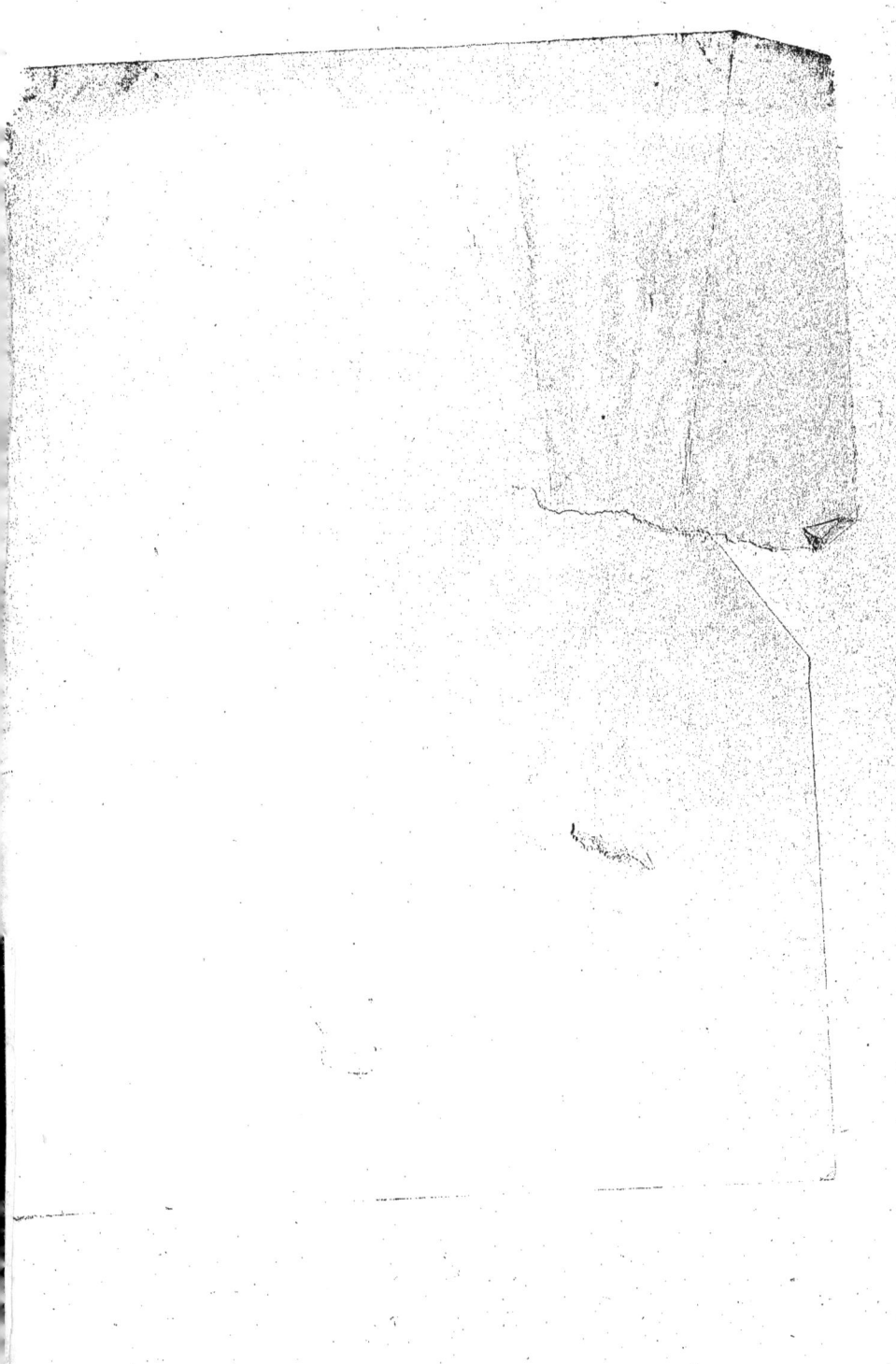

www.ingramcontent.com/pod-product-compliance
Lightning Source LLC
Chambersburg PA
CBHW060543050426
42451CB00011B/1800